मैं गली हूं

विवेक कुमार पांडेय

प्रथम संस्करण: मई 2022
भारत में मुद्रित

मुद्रक : प्रिंटवन ग्राफिक्स, नवी मुंबई
टाइप : कोकिला

ISBN: 978-93-94603-21-9

आवरण रचना: देवब्रत साहू

प्रकाशक :   स्टोरीमिरर इंफोटेक प्राईवेट लिमिटेड,
145, पहला माला, पवई प्लाझा,
हीरानंदानी गार्डन्स, पवई,
मुंबई-400076, भारत

Web: https://storymirror.com
Facebook: https://facebook.com/storymirror
Instagram: https://instagram.com/storymirror
Twitter: https://twitter.com/story_mirror
Email: marketing@storymirror.com

समर्पण...
सच बताने वाले हर 'शब्द' को

संवेदनाओं से उपजी रचनाएं

संवेदना को कविता की आत्मा, तो शिल्प को कविता का शरीर कहा गया है. युवा पत्रकार विवेक कुमार पांडेय की रचनाएं काव्य की कसौटियों पर भले सटीक न उतरती हों, पर संवेदनाओं को जरूर जगाती हैं. संवेदनाओं की अभिव्यक्ति को ही कविता कहते हैं और उनकी रचनाएं संवेदनाओं से ही उपजी हैं. इनकी इन पंक्तियों पर गौर कीजिए - 'रिश्तों के भी अपने मानचित्र होते हैं. सबकी अपनी सीमाएं होती हैं. सबकी अपनी-अपनी ममताएं होती हैं. सबका अपना स्थान होता है जी हां, रिश्तों में भी हिंदुस्तान-पाकिस्तान होता है...

रचनाओं में यथार्थ की अनुभूति जितनी गहरी होती है, उनकी सार्थकता भी उतनी ही होती है. बकौल रघुवीर सहाय, 'विचारवस्तु का कविता में खून की तरह दौड़ते रहना कविता को जीवन और शक्ति देता है और यह तभी संभव है जब हमारी कविता की जड़ें यथार्थ में हों...विवेक की रचनाएं न सिर्फ पाठक को यथार्थ के करीब ले जाती हैं, बल्कि व्यवस्था पर सवाल भी खड़े करती है, इन पंक्तियों को देखिए, 'कुआं दे दिया पानी ही नहीं, ये हाल क्यूं है? बेहयाई देखिए, पूछते हैं ये परचम लाल क्यूं है...? विकास या फिर बदलाव का चाहे जो भी दौर रहा हो, रोटी का सवाल हमेशा से महत्वपूर्ण रहा है. विवेक कुमार पांडेय अपनी इन पंक्तियों के जरिये रोटी के सवाल को उठाते हैं, 'मिलना गले तो इतिहास की बात हो गई अब तो हाथ भी बढ़ाने के अंदाज बदल जाते हैं. रोटी जब भूख को ललचाने लगे बार-बार यकीनन मां-बाप के भी जज़्बात बदल जाते हैं... इनकी काव्य रचनाओं में सहज रवानगी है. छन्द के जरूरी तत्व लय और गति भी है. इनकी रचनाएं उनके सामाजिक सरोकार को दर्शाती हैं, खास तौर पर इन पंक्तियों को देखिए - 'जंगलों, देखा है किस्मत खराब होना. छोटी-सी खबर उसका अखबार होना. जिंदा जली हुई लड़की की तस्वीर फिर इसी किस्से का बार-बार होना...

विवेक का यह पहला काव्य संग्रह है और इसीलिए एक रचनाकार के तौर पर उम्मीदों का बोझ इनके साथ ज्यादती हो सकती है. संवेदनाएं इनकी मजबूती हैं, तो शिल्प के स्तर पर कमजोरी भी झलकती है. कहीं विन्यास में चूक है तो कहीं शब्दों का चयन खटकता है. बिम्ब, प्रतीक, अलंकार के इस्तेमाल में भी बेहतर की गुंजाइश है. श्रेष्ठ काव्य रचना वही होती है, जिसमें संवेदना के साथ संप्रेषण का भी समन्वय हो. इन सबके बावजूद एक समश्रय रचनाकार के तौर पर इनसे उम्मीदें जरूर की जा सकती हैं. जिंदगी के तजुर्बे और निरंतर पठन-पाठन से बेहतरी का मार्ग प्रशस्त होगा जाएगा. साहित्य सृजन में मौलिक लेखन एक बड़ी समस्या रही है और इसीलिए भी युवा रचनाकारों का प्रोत्साहन जिम्मेदारी बनती है.

अकु श्रीवास्तव

संपादक, नवोदय टाइम्स

अपनी ओर से ...

वैसे तो बातें बहुत करनी हैं. पिछले 20 सालों के पत्रकारिता के सफर में कई ज़िंदा कहानियों से होकर गुज़रा हूँ. हर एक दिन पर एक क़िताब लिखी जा सकती है. बलिया में ही जब अवैतनिक पत्रकार के रूप में सेवाएँ दे रहा था, तो पुलिस, थाना और जेल के साथ राजनीति को भी क़रीब से देखने-समझने का मौका मिला.

उत्तर प्रदेश के साथ-साथ पश्चिम बंगाल, झारखंड, दिल्ली, पंजाब, हरियाणा और चंडीगढ़ में अपराध और राजनीतिक ख़बरों की रिपोर्टिंग करता रहा. अख़बार में काम करता था, इसलिए हर एक ख़बर पर गहरी पैठ रखनी होती थी, उसे बारीकी से समझना होता था क्योंकि आपकी ख़बर छप कर इतिहास बन जाती है. गलती न हो तो ही बेहतर है. इस वजह से ख़बरों की तह तक जाने की जिद ने कई ऐसी कहानियों से रू-ब-रू कराया, जिन्हें अख़बारी भाषा में लिखना मुमकिन नहीं हो पाया था. वे सारी कहानियाँ दिल के किसी-न-किसी कोने में कुलबुलाती रहीं. फिर उन्हें शब्दों का रूप देकर अपने बोझ को हल्का करने का सिलसिला शुरू हुआ.

देखते-ही-देखते कुछ रचनाएँ निकल कर सामने आ गईं. कविता के विन्यास और व्याकरण पर ये भले ही खरी न उतरतीं हों, लेकिन आप इनमें भावनाओं को भरपूर जी पाएंगे. वैसे भी पत्रकारिता को 'जल्दी में लिखा गया साहित्य' ही कहा जाता है, परंतु अपनी यह कोशिश हड़बड़ी का विशेषण तो बिलकुल नहीं. वैसे भी पाठक की कचहरी को ही फैसला लेना है. मैं आपका अधिक समय नहीं लूंगा, लेकिन एक बात ज़ोर देकर कहूंगा कि जो भी शब्द-चित्र आप आने वाले पृष्ठों में देखेंगे, वे सब सच की ही अनुकृतियाँ हैं. इन शब्दचित्रों को क़िताब की शक्ल देने में कई दोस्तों का हाथ-साथ रहा है. चूंकि क़िताब का शीर्षक ही 'मैं गली हूँ' है, तो बनारस की गलियों को कैसे भूला जा सकता है. हमारी गुज़ारिश पर छायाकार मित्र अनिरुद्ध पांडेय ने बनारस की गलियों का प्रतिबिंब मूर्तिमान कर दिया. मित्र यशवंत

नामदेव ने मेरी कल्पना को आवरण पृष्ठ में साकार कर दिया. क़िताब के पीछे जो फोटो है, वह विनय उपाध्याय ने चमकती धूप में उतारी है. इन सभी मित्रों को हृदय से धन्यवाद !

अरविंद राय जी आपके बिना सफर, शिखर की तरफ अग्रसर नहीं हो पाता. प्रियदर्शन गर्ग जी आपने मुझमें जो भरोसा दिखाया उसके लिए आपको साधुवाद. पिछला कुछ वक्त मेरे गुजरे जमाने के वक्त से भी कमजोर महसूस हो रहा था, मित्र विवेक त्रिपाठी और सिद्धार्थ सोनी आपके साथ ने इस कठिन समय को भी आसान कर दिया. इन सबके बीच अर्धांगनी स्मिता को ढेर सारा प्यार जिसने मुझे कभी किसी भी परिस्थिति के सामने झुकने नहीं दिया. ऐसे लोगों की सूचि लंबी है जिसने मुझमें कभी एक बार भी भरोसा किया हो, उन सबको मेरा प्रणाम. अंत में बलिया के उन तमाम पत्रकारों को सलाम जिन्होंने मुझे शुरूआती दिनों में मौका दिया. मेरी पत्रकारिता को दिशा देने वाले गुरूतुल्य अखिलेश सिन्हा को आभार. मैं नममस्तक हूं हर उस शख्स के सामने जिसके आंखों में सपना है, दिल में जीत का जज्बा और मन में संवेदना है.

✳

अनुक्रमणिका

✱

बातों का जाल

बातों का अपना जाल है,

बुनते रहते हैं कुछ लोग,

सच के नाम पे, तर्क के नाम पे,

तर्कों के ताने-बाने में खुद को पिरो कर,

सच के प्रकार बताए जाते हैं,

एक मेरा सच और एक तुम्हारा वाला,

ये जाल जानलेवा है,

क्योंकि सच के पहलू नहीं होते,

तर्कों की अपनी औकात होती है,

उसे मरोड़ा-तोड़ा जाता है,

फिर "सच्चाई" पनपती है,

झूठ की नींव से, नफरत-लोभ लपेटे हुए,

फिर खड़ा होता है "सच",

अडिग,

सच का रूप नहीं होता,

ये निर्गुण है, कबीर की तरह....

❋

नफरत

नफरत बहुत भारी होती है

आपके वजूद पर लटक जाती है

बटखरा बनकर

आपको हल्का कर देती

जिंदगी के तराजू पर

इस भार से जंजीर बनती है

जिससे सोच जकड़ जाती है

यह ईर्ष्या और लोभ से भी पैनी है

चुभती है थोड़ा सामने

ज्यादा खुद में

आपमें सिर्फ राख बचती है

ये तंदूर पेट नहीं भरता

पानी कर देता है खून को

खौलता रहता है दिन-रात

आप बस भाप की तरह उड़ जाते हैं

सिर्फ कहीं बरसने के लिए

****

रिश्तों के मानचित्र

रिश्तों के भी अपने मानचित्र होते हैं,

सबकी अपनी सीमाएं होती हैं,

सबकी अपनी-अपनी ममताएं होती हैं,

सबका अपना स्थान होता है

जी हां, रिश्तों में भी हिन्दुस्तान-पाकिस्तान होता है,

क्योंकि, रिश्तों के भी अपने मानचित्र होते हैं.

कुछ आदत के रिश्ते होते हैं

कुछ की आदत सी पड़ जाती है

कुछ मोल भाव के होते हैं

कुछ लोक-लुभावन होते हैं

कुछ की नसें धीमी सी पड़ जाती हैं

कुछ जिद में पनपे होते हैं.

कुछ पाठ-पहाड़ा, गुणा-गणित

कुछ जोड़-घटा कर बनते हैं

कुछ तलवारों पर चलते हैं

कुछ जंजीरों में जकड़े होते हैं

कुछ बोल तमाशा करते हैं

कुछ नाटक जैसे होते हैं

कुछ बहके-बहके रहते हैं

कुछ सहमें-सहमें रहते हैं

कुछ खोल दिखावा करते हैं

कुछ चुप्पी सहते रहते हैं

कुछ रिश्ते रिसते रहते हैं

कुछ घाव सरीखे होते हैं

कुछ दिल की बातें कहते हैं

कुछ कानों से सुनते होते हैं

कुछ ऐसे वैसों के होते हैं

कुछ तो बस पैसों के होते हैं

कुछ हल्ला हू में जीते हैं

कुछ खामोशी में बैठे रहते हैं

कुछ भी कर लो रिश्तों का,

इन सबके अपने मानचित्र होते हैं.

पर, एक समंदर हम तब जीते हैं

जब प्रेम से रिश्तों को सीते हैं.

ये रफू सबी सीमाओं को जोड़ देता है

तब बुद्धू से रिश्ते भी आकर बुद्ध होते हैं

अहंकार की लकीरें मिटने लगती हैं

अब मानचित्र नहीं, सिर्फ आसमान होते हैं.

✳

एकांत

शोर थम गया है तुम्हारा

सिर्फ मैं ही हूं आसपास मेरे

अंधकार और प्रकाश के कहीं बीच

जहां परछाइयां भी नहीं बनती

इंद्रधनुष भी मिरिचिका नहीं बनाते

समय मौन हो जाता है

असली-नकली से बहुत दूर

शोर-शांति से आगे

एकांत के आनंद में....

✳

ठहराव

आसमान में फूल नहीं खिलते पर,

सुगंध फिजाओं में घुल कर नीली हो जाती है,

उम्र को मैं चल के नहीं जीता,

ठहराव भी नहीं है मील के पत्थरों पर,

मुस्कुराते हुए उड़ रहा हूं अंदर...और अंदर..

*****❋*****

दिए

अंधेरे की तलवारों से उजाला चीरा नहीं जा सकता...

दिए के जलते ही अंधेरा खाक हो जाता है। राख उससे काली हो सकती है लेकिन फैल नहीं सकती। तुम धुएं उडाते रहो,

मैं दिए जला रहा हूं .....

✱

साँझ

साँझ बन के मत झांकना मुझमें, मै ओस की बूंदों में हूँ ...

पर आँख भी मत बन जाना, निगाहों में नजरिये घुले होते हैं। गर्म हवाओं

से पहले बस मुट्ठी बंद कर लेना, हाँ मोती ऐसे ही बनते हैं। ...

✳

भूख की जीभ

आटे का सफेद घोल अश्वत्थामा के लिए दूध बन जाता है,

जंगलों में 'सरगूजे' के दो दानें मिलकर एक दाना 'धान'

की बराबरी करते हैं,

अफसोस, चुल्हों से ज्यादा आज भी भूख जल रही है,

आसमान साफ है लेकिन हुकूमत की नीयत नहीं,

हरखुआ फिर खाली पेट सोया है, उससे स्वाद मत पूछो,

क्योंकि, भूख की जीभ नहीं होती...

✳

मुस्कुराहट

फूल खिल कर मुरझा सकते हैं, सूरज शाम की दहलीज पर ढल सकता है,

इरादे मंजिल से पहले थक सकते हैं,

वक्त इन सबको समेट सकता है,

लेकिन, तुम मुस्कुराती रहना...,

मुस्कुराहट जज्बातों को रूह से जोड़ती है,

क्योंकि मुस्कुराहट की उम्र नहीं होती...

✳

उम्र

अब उम्र सिलवटों में सिमट गई है,

अभी-अभी जिंदगी लिपट के गई है।

जायका आंखों में तेरे हुस्न का है,

जब से देखा है तबीयत बिगड़ गई है।

रो-रो के उसने नमी इतनी कर ली,

दिल के किवाड़ में लकड़ी जम गई है।

रूह तक छाले ही छाले हैं

यकीनन बात इतनी अंदर गई है।

*****✱*****

भूख का दर्द

जिंदगी में भूख का दर्द जितना सचित्र होता है,

यकीनन उससे भी खतरनाक दोहरा चरित्र होता है.

जो हंसकर आस्तीनों में खंजर रगड़ते हैं,

हर उस शख्स के चेहरे पर सियासी चित्र होता है.

छानते रहो हकीकत इस झूठ के सैलाब में,

दिल्ली में हो, यहां कहां कोई मित्र होता है.

कपड़ों को पैमाना बना नापते हैं हवस को,

इन अंधों का मन ही कहां पवित्र होता है.

दिल में छाले हों तो कांटों सी नजर होगी,

इश्क हो तो बातों का असर ही इत्र होता है.

✳

पैरों का घाव

चलते ही रहने से पैरों का घाव नजर आएगा,

धूप में निकलिए, तभी तो 'छांव' नजर आएगा.

इन शहरों के रास्ते भी कभी खत्म होते होंगे,

मोहब्बत से देखिए, इनमें भी गांव नजर आएगा.

मुसीबतें भी कुछ चलती-फिरती सी रहती हैं,

जरा मुस्कुरा के देखिए, इनका भी पांव नजर आएगा.

यूं लाशों को कंधों पर लेकर चलता है मुल्क मेरा,

सियासत तो देखिए, इसमें भी इन्हें दाव नजर आएगा.

तस्वीरों के झूठ में छिपाते हैं जज्बात दिनों-रात,

झांक कर देखिए, रिश्तों का अलगाव नजर आएगा.

गर एहसास ठंडे पड़ गए हों तो, झांक भर लेना,

ये 'कुमार' का दिल है, यहां अलाव नजर आएगा.

****

बड़े हो गए

क्या हुआ जो रिश्तों की डोर पर खड़े हो गए,

खता तो बस ये हो गई कि हम बड़े हो गए....'कुमार'

*****✳*****

मांस

अब क्या रात गलियों में गुज़र जाएगी ?

दिन तमाशा बन सामने से निकल जायेंगे ?

आखिर हर शाम मुद्दों की चौखट पे...

ये मांस कौन फेंक आता है ?

❋

रेत

तपते हुए रिश्तों पे एहसास का उबलना हो,

या दर्द की जमीन पे ज़ज़्बातों का उगना,

मैं वहां तक खामोश हूँ जहाँ तक,

तूफ़ान भी पिघल के रेत बन जाता है.

❋

काफिर

हर मुकाम पे रास्ते याद आते हैं,

हमसफ़र तो मेरे काफिर ही रहे.

लिखते रहे, मिटा-मिटा के नाम उनका ख़तों पे,

फिर भी इंतज़ार-ए-क़ासिद ही रहे.

तमाम हिस्सों को सी-सी के ज़िन्दगी कर डाली,

हालात से तो नाकामी के हासिल ही रहे.

रोते भी तो हंसने का बहाना कर के,

जज़्बातों में ज़माने के 'ना'काबिल ही रहे.

*****❋*****

इंसान

इंसान होना जंग है ज़माने के आगे,
हर तारीफ़ कम है "कमाने" के आगे .... कुमार

✳

मैं गली हूं

मैं गली हूं, रोकना मत रास्ता मेरा,

दीवारें देख कर मैं मुड़ने लगता हूं.

कोई जज्बात पकड़ मत खींच लेना हाथों से,

मां का स्वेटर हूं, मैं उघड़ने लगता हूं.

मेरी फितरत भी कुछ पत्तों सी है,

जब भी टूटता हूं, मैं उड़ने लगता हूं.

जब थक जाना तो बस देख भर लेना,

नजर हूं, मैं आंखों से जुड़ने लगता हूं.

कोई लश्कर हो, दूर से गुजार देना दोस्त,

दिल्ली हूं, मैं हर बार उजड़ने लगता हूं.

मेरी आशिकी को वजह मत देना मेरे हमदम

घास हूं, मैं बेवजह उगने लगता हूं.

****

लश्कर

नसीहतें भी चुभने लग जाती हैं नशतर बनकर,

सरकार जब भी डरती है अवाम को 'बस्तर' बनकर।

अशरफियों में तौल तेरे माँ-बाप ने पाला है ज़रूर,

तेरी रेशमी लिबासों में मैं भी हूँ अस्तर बनकर।

जब भी चीखता हूँ, हलक दरबान बन जाती है,

आवाज़ अब निकल नहीं पाती है अक्सर तनकर।

साथ चलने कि गुज़ारिश, नाकाबलियत नहीं,

अकेला ही निकला हूँ, कई बार लश्कर बनकर।

इन लकीरों कि बंदिशों से डराओ न 'कुमार' को,

लांघ जाउंगा हर दहलीज़ तस्कर बनकर। '...

****

ज़ज्बात

हालात बदल जाते हैं तो सवालात बदल जाते हैं,

जो साथ रहते हैं उनके खयालात बदल जाते हैं.

मिलना गले तो इतिहास की बात हो गई,

अब तो हाथ भी बढ़ाने के अंदाज़ बदल जाते हैं.

रोटी जब भूख को ललचाने लगे बार-बार,

यकीनन माँ-बाप के भी ज़ज्बात बदल जाते हैं.

घूर के ही सही कभी इन आँखों में देख लेना,

नज़रों से भी कई बार अलफ़ाज़ बदल जाते हैं.

पत्थरों से टकरा के मिट्टियाँ लाल नहीं होती 'कुमार',

खून पे खून का रंग चढ़ा निजाम बदल जाते हैं …।

✳

जुबान

टूटे हुए पत्तों की तरह पन्ने बिखरे हैं,

सच की स्याही किसी ने छिड़की थी,

कुछ कटी हुई जीभें भी पड़ी हैं,

गला भी कटा है, आवाज़ आई थी यहीं से,

चंद बूँदें खून की, धागे के साथ पड़ी हैं,

कोई कह रहा था, जुबान सिली गई हैं यहीं..... 'कुमार'

✳

ख़ुफ़िया ख़ामोशी

तेरी ख़ुफ़िया ख़ामोशी में खलल डालूँगा,

यकीनन ये सुरत-ए-हाल मै बदल डालूँगा.

चंद लकीरें अब नहीं लेंगी मेरा फैसला,

मै अपनी मुट्ठी कस के मसल डालूँगा.

इंतजार में तेरे वक़्त काफी गुज़र गया,

अभी लम्हा एक और, एक और डालूँगा.

इन दीवारों को इस कदर मत देखो घूर के,

कहा था न रंगों में तेरी शकल डालूँगा.

ना काबिल मै ऐसा नहीं हूँ 'कुमार',

कि बात दिल की हो, मै अकल डालूँगा..... कुमार

*****✳*****

बातें

तेरा पीकदान कुछ दिनों से भरा-भरा सा है,

कुछ दिनों से तू चख रहा है बातें अपनी ..... कुमार

****

सवाल

कुआँ दे दिया पानी ही नहीं, ये हाल क्यूँ है ?

बेहयाई देखिये, पूछते हैं ये परचम लाल क्यूँ है ?

जीने की जुगत में उसने सुबह को शाम कर डाला,

अफ़सोस, 'रोटी' अब भी उसका सवाल क्यूँ है ?

पत्थर को पसीने से पिघला ईमारत खड़ी की थी,

मजदूर ही तो था, उसके मरने पे ये बवाल क्यूँ है ?

भूख से तो कल रात ही टूटा था एक रिश्ता,

कब्र में वो मछली और ऊपर ये जाल क्यूँ है ?

उसने राखों से बटोर ज़िन्दगी उठाई है 'कुमार', अब,

जलो मत कि उसके चेहरे पे ये जलाल क्यूँ है ? ....

****

अखबार

कुछ इस तरह आता है मेरे हिस्से में प्यार,

जैसे बिखरे हुए किस्से में खोया हो किरदार.

अब इन कागजों पे भरोसा हो तो कैसे?

शाम देखा है खबर बिकते, सुबह अखबार.

मुंसिफ की दुकान पे भी लगती हैं बोलियाँ.

सुबूत दब गए हैं, जिरह में बिक गया बाज़ार.

सजा के दरबार बैठी खामोश क्यूँ है दिल्ली?

संगीने खिंच गई हैं, क्या मुकाबिल है सरकार?

सियासी बयानों में उलझा के मुल्क को 'कुमार',

रोज़ लूटा जा रहा है हर शख़्स का ऐतबार......

****

भूख

जंगलों में हालात क्या ख़ाक अच्छे हुए हैं ?
यहाँ भूख में लिपटे फिर कुछ बच्चे हुए हैं.

जतन कर लो जताने की खुद को जितना,
ये लोग बस रकीबी में ही अच्छे हुए हैं.

रोते हो जिस फांकाकशी पे तुम दिनोरात,
इसी गरीबी को नोंच कई पट्ठे हुए हैं.

जागते रहो नींद में भी "कुमार"
सपने देखे तो ही वो सच्चे हुए हैं.

*****✳*****

सरकार

जंगलों, देखा है किस्मत ख़राब होना,
छोटी सी खबर, उसका अख़बार होना.

जिंदा ज़ली हुई लड़की की तस्वीर,
फिर इसी किस्से का बार-बार होना.

भूख, रोटी से ज्यादा है हवस की,
ख़ामोशी, जैसे दिल्ली और सरकार होना.

मोहब्बत में 'जिद्द' का ज़िक्र ऐसा,
कारोबार है क़त्ल-ए-ऐतबार होना.

किस-किस का गिला करें 'कुमार'
मुमकिन नहीं दिल का औंजार होना

✳

किरदार

फिर वही किरदार किस्से में आया है,
अधूरा प्यार फिर म्रेरे हिस्से में आया है.

अश्क भी कतराते हैं निकलने से अब,
कहते हैं, दिल ही काफ़िर पे आया है.

कब तक रोते रहोगे किस्मत की जानिब,
मान लो लकीरों पे गलत रूह का साया है.

बड़े जातां से पड़ा था जिगर, दिल में,
फिर किसी ने इसे खिलौना बनाया है.

लश्कर एक और गुजरा है इस सरजमीं से,
इसे देख मंदिर सोमनाथ का याद आया है.

'मीर' का दर्द तो हंस भी लेता है 'कुमार',
मेरे तो दर्द को भी कमबख्त रोना ही आया है.

****

मुहब्बत

जिस्त में फिर वही मुकाम आया,
धोखे से फिर वही तूफ़ान आया.

आगे बढ़ चले थे छोड़ के रकीब,
वही "तोहफे" तमाम लाया.
बचा के रक्खूं क्यूँ मुहब्बत दिल में, जब
जिगर ही इस "जंग" में काम आया.

अब चलते हैं तेरे इश्क से आगे,
खातिब उनका यही पैगाम लाया.

'दिल्ली' से घूम आये हो ज़रूर, जो
लोग कहते हैं, देखो बाद-जुबां आया.

****

तोहमत

वो छेड़ता है साज़-ए-मोहब्बत बार-बार,
दिल में छाती है याद-ए-नफरत बार-बार.

वो लुटेरा है, लूटता है ऐतबार,
मै दिल्ली हूँ, लुटता हूँ बार-बार.

कर लो सितम हज़ार पर मुझे याद है,
गौरी और चींटी का चढ़ना बार-बार.

तीरों से कम नहीं तोहमत तेरी मियां,
चुभती है जिगर में, वो भी बार-बार.

हर बात पे तेरी अशार आते हैं 'कुमार'
सिर्फ हंस देता है वो रो-रो के बार-बार

✱

मंज़र

खतरनाक मंज़र बहुत आंक के देखा है,
कई बार मैंने आईने में झाँक कर देखा है।

नजरिया बदलता रहा लोगों का हर बार,
जब भी नज़रों में मैंने ताक़ कर देखा है।

भीड़ में हँसना, कहता है खिल-खिला कर,
रोता है, अकेले में जब भी बात कर देखा है।

फितरत है जमाने की तगाफुल क्या करूँ,
मैंने भी कभी रकीब को 'यार' कर देखा है।

बढ़ता हूँ 'उस' तरफ बड़ा फूंक-फूंक कर,
कई बार इससे पहले ऐतबार कर देखा है।

****

आह

दर्द हो तो आह निकलती ही है,

दर्द देख तुम कराहों तो समझूँ.

मुद्दा बना के चिल्लाते बहुत देखा,

मुद्दा जब खुद चिल्लाये तो समझूँ.

आसां है बिसात के मोहरे चलाना,

मैदां में आ ललकार दो तो समझूँ.

दस्तूर है जमाने का बदलना लोगों,

तुम खुद को 'तुम' रखो तो समझूँ.

दरिया बड़ा देख कश्ती बदल दी तुमने,

संग मेरे साहिलों से टकराओ तो समझूँ.

✳

जिगर

तीर तेरे पास भी रहा, तीर मेरे पास भी रहा,
मैंने रक्खा जिगर के पार, तूने हमेशा कमान पर.

बड़ी हसीं दिखेगी दुनिया, एक कोशिश कर,
चढ़ के देख ज़रा अपनी खूबसूरती के गुमान पर.

बदल के रास्ते जितना भी भाग ले तू दूर,
मिलेगा तो ज़रूर, किसी न किसी मुकाम पर.

दिल को दीया बना यूँ बैठेगा कब तक,
कहीं आग न लग जाए तेरे इस मकान पर.

आस्तीन बंद रख, इमान बिकता होगा,
इंसान खरीदने चला है तू किस दुकान पर ?

जब दी आवाज, खामोश हो गए थे क्यूँ ?
अब क्या नज़र टिकाये हो मेरी जुबान पर.

मुस्कुरा देता है हर कलाम पर, तू क्या जाने,
शेर दर्द से टकरा के उतारते हैं दीवान पर.....

****

चश्मदीद

छलक गया होता, नज़रों से गिर गया यूँ क्यूँ?
ऐसा क्या कर गया की आंसू भी ना बन पाया.

हर शक्ल मुजरिम दिखे है जिस तरफ देखे हूँ, क्यूँ?
मलाल खूब है जेहन में, चश्मदीद मै बन ना पाया.

तेरी फितरत दिल्ली की सियासत सी है क्यूँ?
कहे हो खूब भेजी मुहब्बत, मैंने कुछ नहीं पाया.

जब भी कहे हूँ अफसाना, अटक जाता हूँ क्यूँ?
किस्से को खूब कुरेदा, किरदार कोई नहीं पाया.

जब खुद की राह है तो खुद से डरता है क्यूँ?
चल ज़रा जोर से, सोंच मत क्या खोया-क्या नहीं पाया.

✴

मील के पत्थर

कुछ खुद से, कुछ मिजाज़ तो कुछ हालात से,
परेशान इतना है वो,
मील के पत्थर पे बैठ पूछता है कितनी दूर और?

थी उम्मीद तो दामन पकड़ बड़ा तेज़ भागा था,
अब सिर्फ साँसे तेज़ हैं,
कदम बढ़ाये है और पूछे है यहाँ से कितनी देर और?

कोशिश तो पुरजोर की है, हर बार उसने वहां,
दर फिर भी दूर रहा,
अब हर हमदर्द कहता है, लगा ले थोडा जोर और.

वो इस तरफ कभी झांकता क्यूँ नहीं, सबब क्या है,
जब भी दिल खोलता हू,
किवाड़ बंद कर लेता है, कहता है कोई चर्चा कर और

****

ईंटों में घास

कच्ची उम्र में ईंट चलाना शौक हो सकता है,

हर बार जवाब पत्थर से नहीं मिलता,

ईंटों में घास भी उग आते हैं,

साजिशों के पांव नहीं होते...मंजिल भी नहीं...

✳

गिरहें

खुश नहीं है नसीब, इम्तिहान बड़ा है,

किस्मत में ये भी नहीं,

गम खूब हो दिल में और खूब रोना आ जाये.

गिरहें खुल रही हैं हर एक साल की यहाँ,

तारीखें भी बे-तरतीब हैं,

डर है, कही कोई फिर उम्र ना छुपा जाए.

आग बहुत है, भट्टी सी दिख रही है देखो,

दिल अंगार बना है,

और सोचता है, फिर यहाँ धुआं ना छा जाए .

कोई भूख से मर गया, वो बे-फिक्र जीता है,

सियासत में डूबा है ज़रूर,

किसी नींद में नहीं कि कोई आ के हिला जाए.....

******

पूछ लेना

खुद ही पूछ लेना सवाल,
खुद ही जवाब देना,
हम तो रहेंगे 'आईने' की तरह.

तेरी मुस्कराहट, हंसी नज़र,
सब रखुंगा संभाल के,
बचपन में पढ़े 'कायदे' की तरह.

भूल जा तूने रोया था कभी,
अब सिर्फ हंस यहाँ,
बिल्कुल किसी 'आदत' की तरह.

तू अज़ीज़ है बड़ा हमको,
याद रखुंगा ज़िस्त-भर,
जी हाँ, अपने 'दस्तखत' की तरह...

✳

अंगार

आँखे फट जाती होंगी जब सच कहीं निकलता होगा,
झूठा होगा वो शख़्स जो आँखे चुरा के चलता होगा।

तल्ख है चेहरा तेरा, आँखे बनी हैं यूँ अंगार क्यूँ ?
भट्टी झूठ की हो तो सच इसी कदर जलता होगा।

कई हादसों की चश्मदीद, ये सड़क झूठी होगी जरूर,
देखो यहीं-कहीं कोने में पड़ा हुआ सच गलता होगा।

इन लड़खड़ाते क़दमों से कहाँ तक जाओगे? देखो उसे,
वो ऊँचा चढ़ा है, यक़ीनन गिर-गिर के संभलता होगा।

इतराता था बड़ा अपने हर एक झूठ पे वो 'कुमार',
सच की नज़र ऐसी पड़ी, अब सिर्फ हाथ मलता होगा.....

✳

किस्मत

लिखने बैठा था वो किस्मत, खुद ही खुदा बन कर,
रोशनाई और कलम ही दे गई दगा, राजदां बनकर.

बचना उसका था आसां, कोई इंसां बन गया होता,
क्या जरूरत थी उसे नोचने की, यूँ हैवां बनकर.

ज़िन्दगी सड़कों पे सीखी है, उसे चलना न सिखाओ,
जवाब मांगे फिरे है, रह गया है उलझा 'बयां' बनकर.

तू सज़र गुलाब का है, लिपटा ले कांटे जितना जी करे,
जीतूँगा मै या फिर तेरे पास उग आऊंगा, घास बनकर.

जब भी भेजे हूँ मै ख़त, जवाब उल्टा ही आता है लोगों,
खातिब कह गया है, रह जाएगा तू बस 'जुबां' बनकर.

सो गए कई, कई खामोश हो गए, बड़ा अजीब शहर है,
चर्चा हर जुबां पर है इसकी पर सिर्फ 'बात' बनकर....

****

कँवल के फूल

कँवल के फूल वहां मुरझाने लगे हैं,
मत जाओ कीचड़ में, दोस्त डराने लगे हैं.

फंसे रहो जीत के तमगे, हार कि खलिश में,
सवाल तो अब 'जंग' पे उठ के आने लगे हैं.

बहस 'भूख' पे भी होनी चाहिए यहाँ लोगों,
इस तंगी-ए-दिल से सब तंग आने लगे हैं.
तुम क्या, तुम्हारा नखचीर क्या है जी ?
'शिकार' तो यहाँ खुद को खाने लगे हैं.

खबर है, कोई हादसा मुंह खोले हुए है,
देखो इन्हें, सिर्फ ये खबर दबाने लगे हैं....

*****✳*****

शेर

कहे हो, लिखो "शेर" कागज़ पर, गम निकल जाते हैं,
हम तो रोज़ लिखते हैं, शेर, तीन-चार निकल आते हैं.

मरासिम था तो यूँ अंजाम ना होना था, छोड़ दो तुम,
हमारा क्या, हम तो ख्वाबों में आकर भी सताते हैं.

अब भी कूचे, कभी शामियाने में वो सामने आते हैं,
जब थे तब तो हया थी, अब बेशर्मी से निकल जाते हैं.

लकीरें दिखा के हांथों की बहुत डराया है सबने,
अब तो खुद खींचते हैं इनको, खुद ही मिटाते हैं.....

❁

इंतज़ार

तेरे "इंतज़ार" पे ऐतबार नहीं होता,
जब से जाना है , ये तेरा रोज़गार है.

टुकड़ा एक याद का रख, अलग सोया था,
ख्वाबों में रुलाता है, ये बिल्कुल 'यार' है.

हाथ से निकाल, कलेजा रक्खा था बार-बार,
सीने में लिए फिरे हो दिल, कहते हो 'प्यार' है !

चिलमन के पीछे से, झुक के वो देखे,
अब तो दिल इसी 'नज़र' को बेक़रार है.

****

खामोश

थोडा खामोश क्या हुआ, खुश ही हो गए,
दम ले रहा हूँ, ठहर तुझे दम दिखाता हूँ.

कीमत तू क्या चुकाएगा, तेरा ऐतबार क्या?
जमीन खिसकेगी, कहा जो हिसाब दिखाता हूँ.

'दरमयां' देख नाखुश हुआ, कहा था न !
कदम बढ़ा, बाकी चल के मै दिखाता हूँ.

हंसी को ओढ़ लेता है हिजाब की तरह,
मै तो हमेशा कलेजा चीर के, दिखाता हूँ.

✳

उलझने

उलझनों को और उलझाने में लगा हूँ,
पास? अरे मै तो दूर जाने में लगा हूँ.

ख्वाबों से रु-ब-रु हुए मुद्दत हो गई,
अभी खयालातों को सँभालने में लगा हूँ.

बड़ा इतरा के कहता है, मै पूछता नहीं,
मै सवालात जेहन तक लाने में लगा हूँ.

हर चौराहे पर भटकता है, उम्मीद लिए,
कोई बता दे, मै तेरा पता पाने में लगा हूँ.

****

चुभन

वक़्त ने थोड़ी नज़र क्या हटाई,
उनकी आँखों में चुभने लग गया...

कभी खुश होते थे देख कर वो,
अब मै हंसी का सबब बन गया...

एक ही साकी, एक ही प्याला था,
देखो उसे, वो मैखाना बदल गया...

ग़लतफ़हमी मत रख, मै चलूँगा,
तेरी मंजिल और, मै रास्ता बदल गया...

*****✳*****

दरिया

डूब जाता है दिल, भर आती हैं आँखे मेरी,
जब भी दरिया में यादों की, पड़ती है दरार....

खुशनसीब हो जो रुलाता है अभी दर्द तुमको,
मैं तो हंसने लगा हूँ देख ये दर-ओ-दिवार....

बंद कर के सभी दरवाज़े खामोश बैठा था,
सुना है, दर पे आई है फिर एक बहार....

निकले है आग, जब भी दिल की सोंचता हूँ,
फिर भी कमबख्त कहता है, एक और बार

✳

अजीब शोर

रास्ते में आ भी जा, कोई फिक्र नहीं,
खुद से अब आगे निकलने की होड़ है.

यहाँ से ये गली बंद सी दिखती होगी,
जरा आगे बढ़, वहां से एक मोड़ है.

कहते हो आँखे खामोश है तुम्हारी,
मैंने देखा, वहां एक अजीब शोर है.

निगाहें लेकर भागते देखा तुमको,
ज़ाहिर है दिल में तुम्हारे चोर है.

कोशिश कर रहा है तो रोता क्यूँ है?
एक काम कर, बाकी को दिन और है.

✺

मंजिल

बारिश के हर कतरे ने भिगोया आज,
जला मै फिर भी, आग बड़ी थी आब में.

आँखों में गैरों की खूब झाँका है, दोस्त,
अब ख़ुद को लेकर खड़ा हूँ नए बाज़ार में.

सफ़र से ही है लाग अब, मुद्दत हो गई,
जी नहीं लगता है मंजिल की तलाश में.

जब भी देखेगा आइना कुछ मलाल होगा,
कहीं ख़ाक न हो जाए तू उस ख़याल में

****

ख्वाब

आईने में दिखा कल दर्द बहुत ज्यादा,
रात, चेहरे पर दिल उतर आया था.

किस्मत से नींद तक जाती हैं आँखे,
रात, फिर ख्वाब वहां से लौट आया था.

फिर के आता है फिर 'वही' सा ख्याल,
रात कहती है, काफ़िर पे दिल आया था.

क्यूँ कर कहा उसने मैख़ाना बंद हो गया,
रात, मैंने देखा वही साकी यहाँ आया था.

यकीन करूँ तो किस पे, हाल ये है ,
दिन में 'रात' से डर के मै आया था...

****

वार

तुमने दर्दोगम ख्वाब में देखा होगा, हाँ,
मैंने टूटे ख्वाब पे हुए हर वार को देखा है।

कहते रहो सितम बहुत झेले हैं तुमने,
हमने सितमगर को प्यार कर देखा है।

जब कुछ था ही नहीं तो बेवफा हम कैसे?
कभी अपने जेहन में तुमने झाँक के देखा है।

पहले ही मोड़ से मुड़ गया करीने से,
मैंने ऐसा हमसफ़र अपने साथ देखा है.....

❋

टीस

हँसना मजबूरी है, दर्द ने इतना निचोड़ा है,
खुश हों लूँ टीस खूब फिर भी आंसू नहीं निकलते.

जज्बातों का बोझ खुद पे पड़ रहा भारी बहुत,
खूब कोशिश कर लूँ, लफ्ज़ हर बार नहीं मिलते.

वो नज़र अंदाज़ करता है बड़े अंदाज़ से लोगों,
होती है, मालूम नहीं किस बात के चलते.

कब तक छिपाओगे इश्क, कब तक सहमे रहोगे,
खुद में खो जाऊंगा कहीं, रह जाओगे हाथ मलते....

✻

दीवान

अरमां कई जलें तब जा के दीवान किये,
हम रोये नहीं, जज्बातों को बस नाम दिए.

अजी हम जीते तब भी थे, जीते अब भी हैं,
चीज़ बदली इतनी, ख्वाब नए अंजाम दिए.

उन्हें थी शिकायत, कुछ न दे पायें हम,
क्या दे दें ? अपने सुबह दिए-शाम दिए.

मरासिम में कुछ चूकने सा था हैफ,
सुना के किस्से 'दोस्तों' ने दर्द तमाम दिए....

✳

खातिब

"वो भी खूब दिन थे, जब आते थे खतों के जवाब,
अब खातिब को देखिये, 'वो भी' नज़रें चुराता है.

तड़प रही है ख्वाहिश, अब भी वहीँ तेरे दर पे,
निकले है 'आह', हर शख्स 'वाह' कर जाता है.

मैकदे में मय अब भी है बाकी, जाम पूरा है,
पर, शाम ही कहने लगी है 'वहां' क्यूँ जाता है.

आलम जीस्त में है जुस्तजू का ठीक वैसा ही,
मय 'खूब' पीता हूँ, वो 'खूब' याद आ जाता है"...

*****✱*****

तमाम

"उनको भूलने की कोशिशें हुईं 'तमाम',
'तमाम' हम भी हर बार हो गए.

याद आती है अब भी वो सुबहो-शाम
जो भी थे वो सब तार-तार हो गये.

इसी उम्मीद में की हम होंगे एक,
यकीं मानिए, हम सौ बार हो गए.

चले ही गए कुछ कहा भी नहीं,
हम कब से इतने बेज़ार हो गए?

अब गम नहीं किसी के जाने का,
हम तो शायरों में शुमार हो गए.."...

****

एक ही दिन

“एक ही दिन में हमने क्या हद कर दी ?
एक ही दिन में वो छिप के जाने लगें.

एक ही दिन में हमने क्या-क्या सोंचा था,
एक ही दिन में ये क्या नज़ारे आने लगें.

एक ही दिन में की नज़र-इ-इनायत,
एक ही दिन में आँख दिखने लगें.

एक ही दिन में चेहरा करीब था,
एक ही दिन में वो मुंह चिढाने लगें." ..

*****✳*****

9 789394 603219